SANTO ROSARIO POR LOS DIFUNTOS

MEDITADO PARA CADA DÍA DE LA SEMANA

Baldomero Mendoza Santos

Primera Edición Textos revisados

Santo Rosario por los Difuntos meditado para cada día de la semana.
ISBN: 9798865355397
© Autor: Baldomero Mendoza Santos.
Las Tres Cruces. Edición internacional. Octubre de 2023.

ÍNDICE

PRESENTACIÓN

Muchos fieles se habrán acercado a este libro por la pérdida reciente de un ser querido por causa de su fallecimiento. Quisiera expresarles mi pesar, mi más sincero pésame, y transmitirles que en las meditaciones que haremos de los Misterios del Santo Rosario en este libro intentaremos dar motivos de consuelo y de esperanza, sabiendo que como cristianos no sólo estamos llamados a orar por nuestros difuntos, sino que también debemos consolar a los que se encuentran afligidos y tristes, para darles una paz que no nos ofrece el mundo.

Cuando contemplamos los Siete Dolores de la Santísima Virgen María nos damos cuenta de que ella no sólo sufrió a causa de su amado Hijo durante la Pasión, ella supo del dolor durante toda su vida, por lo que en todos los Misterios del Santo Rosario, ya sean Misterios Gozosos, Luminosos, Dolorosos o Gloriosos, hallaremos una palabra que expresar a propósito del motivo que aquí nos convoca a rezar el Santo Rosario, con la intención de ofrecelo por un difunto en particular, por todos los difuntos en general, y también para pedirle con confianza a nuestra Santísima Madre del Cielo que nos conforte y nos sostenga en la esperanza a pesar del desgarro que podamos sentir por la separación de quienes tanto amamos.

Que los fieles que empleen este libro como ayuda se sientan muy libres a la hora de rezar y meditar todo cuanto se propone para cada Misterio, u optar por considerar tan sólo algunos de sus elementos. Ciertamente no es igual rezar el Santo Rosario de manera individual, a nuestro ritmo, que rezarlo en compañía de otros, más en unos momentos tan delicados, sabiendo que algunas personas quizá tengan falta de costumbre de rezar esta oración y debamos ser prudentes con los tiempos y no extenderlos en demasía. Opciones habrá para que vuestra prudencia indique el modo de emplear los textos aquí contenidos buscando no sólo la mayor utilidad, sino el mayor bien.

Recordemos que el rezo del Santo Rosario en unión con otros nos posibilita la obtención de una Indulgencia Plenaria que podremos aplicar por nuestro ser querido, y librarle del Purgatorio en el caso de que tuviera que pasar por él. Recordemos también que los requisitos generales para obtener esta indulgencia son: confesarse con un sacerdote sacramentalmente y recibir la Sagrada Comunión en el plazo de una semana antes o después de obtener la indulgencia, elevar a Dios una oración por la persona e intenciones del Papa, y expresar nuestro rechazo a todo pecado, también el venial, además de rezarlo estando en Gracia de Dios (sin pecado desde nuestra última confesión bien hecha).

Siendo un libro fácil de seguir también para las personas menos iniciadas, también expreso que aquí recojo cuanto suelo predicar y meditar cuando dirijo esta oración junto a mis feligreses, poniendo los acentos en los elementos que más ayudan.

Baldomero Mendoza Santos

LUNES: MISTERIOS DE GOZO

CONCEPCIÓN, NACIMIENTO E INFANCIA DE JESÚS

Los Misterios de Gozo no sólo reciben este nombre por los momentos tiernos y dulces que nos evocan, a los que tampoco les faltará su cruz y su dolor, sino también por el Gozo de saber que el momento de la venida al mundo de su Salvador ha llegado.

El Mesías prometido ha venido para vencer al Demonio y al pecado, nuestros enemigos, pero también para darnos Vida, Vida Eterna, venciendo a la muerte y llevándonos con él al Cielo para que podamos ser felices.

OFRECIMIENTO DE LOS MISTERIOS GOZOSOS

Santa María, Madre de Dios y Madre Nuestra; aceptaste el plan de Dios y todo sucedió según anunciaron las Sagradas Escrituras.

Por ti, por mediación tuya, vino al mundo el Salvador de la humanidad; ayúdanos a recordar para lo que vino: para restablecer nuestra Amistad con Dios y para abrirnos las puertas del Cielo.

Madre Nuestra, ruega a Dios que este designio también se cumpla para nuestro hermano/a (N.) y que goce ya de la alegría de los santos.

✠ PRIMER MISTERIO ✠
LA ANUNCIACIÓN
DEL ÁNGEL A MARÍA

Cristo es la Luz del Mundo, y la Luz brilla en medio de las tinieblas; Cristo es la Vida para el Mundo, para un Mundo que habita entre sombras de muerte. Si resumiéramos las Sagradas Escrituras hasta el momento de la Anunciación, podríamos decir que es la Historia de la Creación obrada por Dios, del pecado de los hombres, y de la promesa de la venida de un Salvador. Nuestra Señora sabe lo que el Arcángel San Gabriel le está pidiendo, y que su aceptación abrirá a la humanidad las puertas de la eternidad; que, por ella, llegarán infinitos tesoros al Mundo, y de su propio vientre virginal, el mismo Dios hecho hombre.

DEL LIBRO DE ISAÍAS

El pueblo que caminaba entre tinieblas ha visto una luz grande; ha brillado una luz sobre los que habitaban en el reino de la oscuridad. Señor, has multiplicado la alegría, has hecho crecer el gozo; por eso ellos se regocijan en tu presencia, igual que se goza en la cosecha, como cuando reina la alegría por el reparto del botín. (Is. 9:1-2)

MEDITACIÓN

Santísima Virgen María,
en el mismo momento
en el que aceptaste el plan de Dios,
que te llegó por boca de su ángel,
abriste de par en par las puertas de la Tierra
a quien nos abriría las puertas del Cielo.

La humanidad caminaba entre tinieblas,
y en tu seno virginal
se encarnó la Luz y la Vida para el Mundo.

Míranos con tus ojos maternales
en este momento de recuerdo, de despedida,
de dolor por la separación;
pero también de confianza en Dios,
en sus Palabras de Vida Eterna,
en su misericordia y lealtad
a pesar de nuestros pecados.

OFRECIMIENTO Y PETICIÓN

Te ofrezco este Misterio, Virgen Santísima,
por todos aquellos que no han tenido noticia
de la venida de Nuestro Salvador,
que buscan consuelo donde no lo hay,
y felicidad donde nunca la hallarán;
para que alguien les pueda hablar de Dios
y les conduzca con paciencia hasta él.

✚ SEGUNDO MISTERIO ✚
LA VISITACIÓN DE MARÍA A SANTA ISABEL

La Santísima Virgen acude a visitar a su prima Santa Isabel, de edad avanzada, que está encinta y dará a luz a San Juan Bautista. Él será quien reciba el encargo de preparar la venida de Nuestro Salvador, del Mesías anunciado por los profetas, invitándonos a la penitencia, a la conversión y transformación de nuestros corazones, al arrepentimiento de nuestros pecados... Porque son nuestros pecados los que nos impiden escuchar y ver con claridad cuanto Dios pueda comunicarnos y enseñarnos, incluso que podamos acoger su paz y su consuelo en los momentos de dolor.

DEL LIBRO DE ISAÍAS

Una voz grita: ¡Preparad en el desierto el camino para el Señor, trazad en la estepa un sendero para nuestro Dios! ¡Que se cubran los valles y que se allanen todas las montañas y las colinas; que las tierras elevadas se allanen y que los terrenos escarpados se aplanen! Porque se nos va a mostrar la gloria del Señor y todos los hombres la contemplarán, porque ha hablado la boca del Señor. (Is. 40:3-5)

MEDITACIÓN

Virgen Santísima,
este Rosario nace de nuestro deseo
de orar generosamente por un difunto,
a cambio de nada, pero sabiendo
que por medio de nuestra oración
también podremos hallar paz y consuelo
para nuestras almas entristecidas.

Pero para poder sentir esa paz
necesitamos que nuestro corazón
esté libre de las cadenas del pecado,
de la venda que ponen sobre nuestros ojos
la mentira, la avaricia, la soberbia, la lujuria...

En este Misterio te contemplamos,
Virgen Santa, no sólo visitando a Isabel,
sino encontrando a tu Hijo con su Precursor,
quien nos apelará a remover los obstáculos
que impidan el hacer bondadoso de Dios.

OFRECIMIENTO Y PETICIÓN

Te ofrezco este Misterio, Madre buena,
por aquellos que ante la muerte
no quieren recibir el auxilio divino
a causa de las cadenas
con las que el pecado amarra sus corazones
y venda sus ojos.

✢ TERCER MISTERIO ✢
EL NACIMIENTO
DE JESUCRISTO EN BELÉN

Cuando a la Virgen Santísima le llegó la hora de dar a luz, ella tuvo que marchar con San José, su esposo, a Belén, ya que el Emperador de Roma había ordenado realizar un censo de todos los habitantes del Imperio, y cada cual debía inscribirse en el lugar de procedencia de su familia. Siendo José descendiente del Rey David, Belén era el lugar que le correspondía. No hay persona, lugar o acto que sea pequeño si viene de Dios, si nos lleva a Dios, o si trae a Dios.

DEL LIBRO DE MIQUEAS

Y tú, Belén Efratá, tan pequeña entre los poblados de Judá, de ti me nacerá el que ha de gobernar a Israel: sus orígenes se remontan al pasado, a un tiempo inmemorial. Por eso, el Señor los abandonará hasta el momento en que dé a luz la que habrá de ser la madre; entonces el resto de sus hermanos volverá junto a los israelitas. Él permanecerá en pie y los apacentará con la fuerza del Señor, con la majestad del nombre del Señor, su Dios. Ellos habitarán tranquilos, porque él será grande hasta los confines de la tierra. (Miq. 5:1-3)

MEDITACIÓN

Virgen Santísima,
que diste a luz al mismo Dios en un establo;
enséñame a amar las cosas pequeñas,
los pequeños detalles, los gestos humildes...

El Santo Rosario es la devoción
más extendida entre los cristianos,
por su sencillez y por cuanto atesora.

En estos momentos de dolor
no estamos realizando un gran homenaje
en honor de un ser querido,
pero estamos haciendo algo más provechoso:
Con este pequeño ofrecimiento
estamos entregándote un presente
con la humildad de los pastores,
para que el Rey del Universo nos corresponda
desde su grandeza y omnipotencia,
compartiendo su Gloria
con nuestro hermano/a (Nombre)
y con todos nuestros difuntos.

OFRECIMIENTO Y PETICIÓN

Verdadera Madre de Dios,
te ofrezco este Misterio cuantos no creen
por no querer caminar por la senda estrecha,
abrazar la cruz, y vivir con espíritu de pobreza.

✤ CUARTO MISTERIO ✤
LA PURIFICACIÓN
DE NUESTRA SEÑORA

Tras nacer Jesús, María y José cumplieron con los preceptos de la Ley, dándonos ejemplo de obediencia y humildad. En el Templo estaba el anciano Simeón, que vio cumplida una promesa de Dios que dio sentido a su vida: Conocer en persona al Mesías prometido.

DEL EVANGELIO DE SAN LUCAS

En aquel entonces, vivía en Jerusalén un hombre llamado Simeón, era justo y piadoso, y esperaba el consuelo de Israel. El Espíritu Santo estaba en él, y le fue revelado que no moriría antes de ver al Mesías del Señor. Llevado por el mismo Espíritu, fue al Templo, y cuando los padres de Jesús llevaron al niño para cumplir con él las prescripciones de la Ley, lo tomó en sus brazos y alabó a Dios, diciendo: "Ahora, Señor, puedes dejar a tu siervo morir en paz, como prometiste, porque mis ojos han visto la salvación que preparaste para todos los pueblos: luz para iluminar a las naciones paganas y gloria de tu pueblo Israel". Sus padres estaban admirados por lo que oían decir de él. (Lc 2:25-33)

MEDITACIÓN

Virgen Santísima,
Manantial de Dulzura y Pureza;
tus virtudes y tu grandeza
brillan por tu humildad y obediencia.
Nada te ahorraste como buena hija de Israel
siendo la misma Madre de Dios.

La muerte de nuestros seres queridos
nos recuerda cual es el propósito de la vida,
que no es otro que conocer a Jesucristo,
abrazando alegres la cruz en la tierra
para caminar tras él hasta el Cielo.

Aquel anciano, Simeón,
afirmó que ya podía morir en paz
tras conocer al Señor.
Nosotros, como cristianos,
esperamos que tras la muerte
salga a nuestro encuentro el mismo Señor,
a quien amamos, a quien hemos recibido
en el Sacramento de la Eucaristía,
quien nos ha perdonado en la Confesión,
con quien hemos hablado en el Sagrario...

OFRECIMIENTO Y PETICIÓN

Virgen sin mancha; que nuestra vida de fe
nos llene de paz y esperanza ante la muerte.

✠ QUINTO MISTERIO ✠
EL NIÑO PERDIDO
Y HALLADO EN EL TEMPLO

Jesucristo, con unos doce años, se perdió de sus padres para quedarse en el Templo de Jerusalén, ocupándose de los asuntos de su Padre Dios, admirando a todos con su Palabra. En él radica la verdadera Sabiduría, la que no puede darnos el Mundo, la verdadera Paz, el verdadero Amor, la Vida. Y para entrar en él, verdadero Templo y Gloria nuestra, hemos de tener un corazón humilde y puro.

DEL LIBRO DEL APOCALIPSIS

No vi ningún templo en la Ciudad, ya que su Templo es el Señor Dios todopoderoso y el Cordero. Y la Ciudad no necesita la luz del sol ni de la luna, porque la ilumina la gloria de Dios, y su lámpara es el Cordero. Las naciones caminarán a su luz y los reyes de la tierra le ofrecerán sus tesoros. No se cerrarán de día sus puertas y no existirá la noche en ella. Se le entregará la riqueza y el esplendor de las naciones. Nada impuro podrá entrar en ella, ni tampoco entrarán los que haya practicado la abominación y el engaño. Sólo entrarán los que estén inscritos en el Libro de la Vida del Cordero. (Apoc. 21:22-27)

MEDITACIÓN

Virgen Santísima,
que sufriste con tu esposo, San José,
el dolor de haber perdido a Jesús
tras visitar el Templo de Jerusalén.

Él estaba adoctrinando
a los doctores de la Ley,
porque él es más que la Ley,
en el Templo, siendo más que el Templo.

Jesús es nuestro tesoro, nuestra Vida,
como tú misma dirías, María,
también para nuestros hermanos difuntos;
enséñanos a perdernos en él,
a escondernos en su Sagrado Corazón,
porque no hallaremos mejor refugio,
ni siquiera ante la muerte o el dolor,
porque ante la muerte él nos ofrece el Cielo
y ante el dolor nos enseña su propia Pasión,
la que sufrió para darnos la Vida Eterna.

OFRECIMIENTO Y PETICIÓN

Virgen María, te ofrezco este Misterio
por las personas que no acuden a la iglesia
a celebrar los Sagrados Misterios
y a escuchar y a conocer la Palabra,
la Sabiduría misma que es tu Hijo.

MARTES: MISTERIOS
DE DOLOR
PASIÓN Y MUERTE DE JESÚS

Los "Misterios Dolorosos" nos hablan del sufrimiento físico de Jesús, pero también de su sufrimiento espiritual, como podemos ver en su arranque en la Oración del Huerto de los Olivos, donde su angustia le hizo sudar gotas de Sangre, prosiguiendo con su condena, las burlas... Hasta llegar a su Muerte, que ofrece como expiación por nuestros pecados para que podamos alcanzar la Vida Eterna. María no sufrió físicamente durante la Pasión, pero su sufrimiento espiritual nos lleva a llamarla: Madre Dolorosa, y se dolerá en nuestro dolor.

OFRECIMIENTO
DE LOS MISTERIOS DOLOROSOS

Virgen María, Madre Dolorosa,
que acompañaste a tu Hijo, nuestro Salvador,
en sus padecimientos por amor a nosotros
hasta su muerte en la Cruz.

Hoy somos nosotros los que lloramos
por la pérdida de un ser querido.
Haz que la Pasión y Muerte de tu amado Hijo
merezca la salvación de nuestro/a hermano/a
(Nombre), participando del triunfo
de su gloriosa Resurrección,
y pueda ser para siempre feliz en el Cielo.

✤ PRIMER MISTERIO ✤
LA ORACIÓN
EN EL HUERTO DE LOS OLIVOS

Al concluir la Última Cena, Jesús se fue con sus Apóstoles a orar, para prepararse para su Pasión, pidiéndole a Dios Padre también por nosotros, llegando a sudar gotas de Sangre por lo que estaba por venir, que comenzaría por la traición de Judas, uno de los suyos. Nunca olvidemos que Jesucristo ofrecerá su Muerte como sacrificio a Dios Padre, pero en nuestro favor y beneficio, para librarnos a nosotros y a nuestros seres queridos de las cadenas del pecado y de la Muerte Eterna.

DEL EVANGELIO DE SAN JUAN

Padre, te pido que aquellos que tú me encomendaste estén conmigo donde yo esté, para que contemplen la gloria que tú me has dado, porque ya me amabas desde antes de la creación del mundo. Padre justo, el mundo no te ha conocido, pero yo te conocí, y ellos reconocieron que fuiste tú quien me enviaste. Les di a conocer tu Nombre, y se lo seguiré dando a conocer, para que el amor con el que tú me amaste esté en ellos, y yo también esté en ellos (Jn. 17:24-26)

MEDITACIÓN

Virgen Dolorosa,
Madre de Cristo, Sumo y Eterno Sacerdote,
Altar y Víctima Propiciatoria
para el perdón de nuestros pecados,
a fin de liberarnos de nuestra esclavitud
y alcanzarnos la libertad
propia de los hijos de Dios,
llamándonos a compartir con él
su Gloria en el Cielo;
muévenos a la oración
con tu dulzura maternal,
para que podamos encontrar un sentido
a todos nuestros sufrimientos;
para que podamos, al menos,
sumarlos a los padecimientos de tu Hijo
y ofrecerlos como sacrificio
a nuestro Padre del Cielo.

OFRECIMIENTO Y PETICIÓN

Virgen Santísima, Madre Dolorosa,
modelo de oración y entrega a Dios;
en este momento de dolor por la pérdida,
te ofrezco este Misterio por los que rezan,
para que alcancen el consuelo que esperan;
y también por los que no rezan,
para que en sus corazones se despierte
el deseo de mirar al Cielo y pedir su Gracia.

✝ SEGUNDO MISTERIO ✝
LA FLAGELACIÓN
DE NUESTRO SEÑOR

Jesucristo soportó con humildad las iras de los hombres que le juzgaron injustamente, que le azotaron con saña y entre burlas, que se alegraron de su ignominiosa muerte. Los azotes ocuparon un lugar muy concreto en la Pasión, pero toda ella fue un constante y cruel fustigamiento para su cuerpo y para su alma... Y llegó a pedir al Padre el perdón para todos ellos: "Padre, perdónalos porque no saben lo que hacen" (Lc. 23:34); esa es la respuesta de la Sabiduría y de la Justicia Divina, el Amor.

DEL LIBRO DE ISAÍAS

Siendo maltratado, él se humillaba, y ni tan siquiera abría su boca: como un cordero llevado al matadero, como una oveja muda ante el esquilador, él no abría su boca. Fue detenido y juzgado injustamente, y ¿quién se preocupó de su suerte? Porque fue arrancado de la tierra de los vivos y golpeado por las rebeldías de mi pueblo. Le dieron un sepulcro con los malhechores y una tumba con los impíos, aunque no había cometido violencia ni en su boca había engaño. (Is. 53:7-9)

MEDITACIÓN

Virgen Dolorosa, Madre Doliente;
¡Qué grande es la misericordia de tu Jesús,
que pidió el perdón a su Padre del Cielo
para todos aquellos que,
entre burlas y mofas,
no sólo no le ahorraron sufrimiento,
sino que se enardecían en su crueldad!

Nosotros pedimos humildemente
perdón por nuestros pecados,
y prontamente acudimos
al Sacramento de la Confesión,
en el que recibimos la clemencia
que nuestro propio Señor no tuvo.

También pedimos misericordia
para nuestro/a hermano/a (Nombre)
y para todos los difuntos,
a quienes confiamos a la Bondad de Dios.

OFRECIMIENTO Y PETICIÓN

Virgen Santísima, Madre Paciente,
te ofrezco este Misterio
por cuantos desconfían
en que tanta misericordia pueda ser cierta;
porque seguramente no saben perdonar
ni levantarse de sus caídas.

✠ TERCER MISTERIO ✠
LA CORONACIÓN
DE ESPINAS

Tras la flagelación, los soldados pusieron a Jesús una corona de espinos para burlarse de él por haber admitido ser el Rey de los Judíos. A nadie le importó el trato vejatorio cuando la condición de su realeza fue motivo de burlas, aunque diferente fue cuando el Gobernador escribió de modo oficial el motivo de su condena, justamente por ser Rey de los Judíos, reconociendo de forma implícita su realeza.

DEL EVANGELIO DE SAN JUAN

Pilato elaboró una inscripción que decía: "Jesús el Nazareno, rey de los judíos", y la mandó poner sobre la cruz. Muchos judíos leyeron la inscripción, porque el lugar donde Jesús fue crucificado quedaba cerca de la ciudad, y estaba en hebreo, latín y griego. Los sumos sacerdotes de los judíos dijeron a Pilato: "No digas: 'El rey de los judíos'. sino: 'Este ha dicho: Yo soy el rey de los judíos'". Pilato contestó: "Lo escrito, escrito está". (Jn. 19:19-22)

MEDITACIÓN

Virgen Dolorosa, Madre del Rey,
aquellos soldados coronaron a tu Hijo
entre burlas, para su divertimento;
pero tu amado Hijo
es verdaderamente nuestro Rey,
un Rey cuyo Reino no es de este mundo,
y hacia el que nos invita a caminar
en esta vida por la senda estrecha,
cargando con nuestras propias
cruces cotidianas tras él.

Hoy ponemos los ojos
en el Reino Eterno,
en la Tierra Prometida del Cielo,
que pedimos para nuestro/a hermano/a
(Nombre)
y para todos nuestros seres queridos
que dejaron este Valle de Dolor.

OFRECIMIENTO Y PETICIÓN

Virgen Santísima, Madre del Rey,
te ofrezco este Misterio por nosotros,
que formamos parte del Pueblo
de la Nueva Alianza;
para que nos sintamos hijos de la Iglesia,
que ha de testimoniar el Reino de Dios,
y para que la Iglesia progrese cada día
en el cuidado y atención de sus hijos.

✦ CUARTO MISTERIO ✦
JESÚS CARGA CON LA CRUZ

La Santísima Virgen no pudo presenciar toda la Pasión, pero sí que estuvo presente en el camino de la Vía Dolorosa y en la Cima del Calvario, al pie de la Cruz. Jesucristo es el Buen Pastor, que cuida de sus ovejas, las conoce por su nombre, las alivia y las sana, como bien demostró mientras marchaba por las calles de Jerusalén. Él es nuestro Rey, y nosotros somos su Rebaño, su Pueblo, los Miembros de su Cuerpo al que, como Cabeza, también quiere llevarnos hasta su Gloria, pagando nuestro rescate al precio de su Sangre.

DEL LIBRO DE ISAÍAS

Pero él soportó nuestros sufrimientos y cargó con nuestras dolencias, y nosotros lo consideramos golpeado, herido por Dios y humillado. Fue traspasado por causa de nuestras rebeldías y triturado por nuestras iniquidades. El castigo que nos trae la paz recayó sobre él y por sus heridas fuimos sanados. Todos caminábamos errantes como ovejas, siguiendo cada uno su propio camino, y el Señor hizo recaer sobre él las iniquidades de todos nosotros. (Is. 53:4-6)

MEDITACIÓN

Virgen Dolorosa, Divina Pastora;
tu Hijo nos conduce hacia pastos seguros,
hasta la Fuente de Agua Viva
que brotará de su Divino Costado
para que tengamos Vida Eterna.

Cuando recordamos la vida
de nuestros familiares y amigos difuntos,
vemos de manera inexcusable
el yugo de los pesares de este mundo,
la carga que cae sobre nuestros hombros
a causa del mal de los hombres,
de sus pecados, y de los engaños del Enemigo
que sin descanso nos acecha.
La muerte es el final de nuestro combate,
y en él nuestro Pastor nos ha protegido
del lobo rugiente, del hambre y de la sed...
¡Con cuánta alegría caminamos
si sabemos que nuestro camino es seguro!

OFRECIMIENTO Y PETICIÓN

Madre fiel, Virgen fecunda,
dispensadora de las gracias divinas;
haz que nunca olvidemos dónde está la meta,
ni que hemos de llevar la cruz en el camino,
a ejemplo de los santos, que caminaron alegres
y hoy son felices del Cielo.

✠ QUINTO MISTERIO ✠
LA MUERTE
DE JESÚS EN LA CRUZ

Al llegar al Monte Calvario, también llamado Gólgota, Nuestro Señor fue crucificado entre dos malhechores, en presencia de su Madre y del gentío que vociferaba, mientras que los pocos que le permanecieron fieles callaban mansamente, como él, sabiendo que estaba culminando la entrega de sí mismo como sacrificio expiatorio para nuestra salvación. Pudo salvarse a sí mismo, muchas veces escapó de la muerte, pero había venido al mundo para abrazar este momento por amor.

DEL EVANGELIO DE SAN LUCAS

El gentío permanecía allí y miraba. Sus jefes, con burla, decían: "Ha salvado a otros: ¡que se salve a sí mismo, si es el Mesías de Dios, el Elegido!". Los soldados también se burlaban de él y, acercándose para ofrecerle vinagre, le decían: "Si eres el rey de los judíos, ¡sálvate a ti mismo!". Había una inscripción sobre su cabeza: "Este es el rey de los judíos". (Lc 23:35-38)

MEDITACIÓN

Virgen Dolorosa,
viste morir a tu Hijo entre burlas,
mientras él perdonaba a sus verdugos,
muriendo para librarnos de la muerte eterna,
liberándonos de nuestras cadenas
mientras que él permanecía
mansamente atado a sus clavos.

Nuestro Señor sabía para qué moría,
y nosotros debemos ser conscientes
de para qué vivimos,
para que cuando muramos
participemos de su triunfo glorioso.

Ruega a Dios, Virgen Madre Nuestra,
para que nuestro/a hermano/a (Nombre)
y nuestros seres queridos difuntos
participen de la Victoria de nuestro Rey.

OFRECIMIENTO Y PETICIÓN

Virgen Santísima, te ofrezco este Misterio
de una manera especial por quienes mueren
sin llevarse a la tumba ni tan siquiera
una humilde oración;
para que Dios recoja nuestra plegaria
y los colme de amor en la Vida Eterna;
y pídeles que intercedan por nosotros
a cuantos al fin lleguen al Reino Celestial.

MIÉRCOLES: MISTERIOS DE GLORIA
EL TRIUNFO DE JESÚS

Este bloque de Misterios se denomina de los "Misterios Gloriosos", porque hablan: del triunfo de Jesucristo sobre la muerte; de su vuelta a la diestra del Padre; de la presencia en la Gloria, ya en cuerpo y alma, de la Santísima Virgen María como signo de esperanza; y de los dones que nos llegan de lo Alto por Don y Gracia del Espíritu Santo. Nos hablan del Cielo, donde pedimos a Nuestro Señor que acoja a nuestros seres queridos difuntos para ser felices para toda la eternidad.

OFRECIMIENTO
DE LOS MISTERIOS GLORIOSOS

Mi Señora y Reina mía;
tras la Pasión de tu amado Hijo,
pudiste dar testimonio de su Resurrección
y de su regreso a la Gloria,
a la que te elevó en cuerpo y alma.

Pide a tu Jesús, a mi Jesús,
que acoja en el Cielo el alma de (Nombre),
a la espera de la resurrección de los cuerpos
en el último día, cuando este mundo acabe.

Eres motivo de esperanza, Madre Santa,
para tus hijos, a quienes nos guardas
en tu corazón, bajo tu manto.

✦ PRIMER MISTERIO ✦
LA RESURRECCIÓN
DEL SEÑOR

Junto al miedo a la persecución, aquellos primeros discípulos que conocieron al Señor, sintieron dolor y pesar por su muerte, y ya el Señor se lo había anunciado. Pero también les anunció que resucitaría, que volvería, para así nutrir su esperanza, la misma para la que ahora no nos falta la Gracia para que podamos esperar alegres su segunda venida al final de los tiempos, cuando nos reencontraremos con nuestros seres queridos que ahora descansan en el sueño de la paz.

DEL EVANGELIO DE SAN JUAN

A vosotros, os aseguro que lloraréis y que os lamentaréis; pero el mundo, en cambio, se alegrará. Vosotros estaréis tristes, pero esa tristeza se convertirá en gozo. La mujer, cuando va a dar a luz, siente angustia porque le llegó la hora; pero cuando nace el niño, se olvida de su dolor, por la alegría que siente al ver que ha venido un ser humano al mundo. También vosotros ahora estaréis tristes, pero yo os volveré a ver, y tendréis una alegría que nadie os podrá quitar. (Jn. 16:20-22)

MEDITACIÓN

Madre Dolorosa, Virgen Gloriosa,
tus lágrimas al pie de la Cruz,
tus lágrimas al recibir el Cuerpo de tu Hijo,
tus lágrimas cuando fue sepultado...
No estaban faltas ni de Fe ni de Esperanza,
eran lágrimas por la maldad de los hombres,
por la separación de tu Hijo...
Eran lágrimas humanas,
dignas del momento, como las nuestras,
que no son por falta de Fe, ni de Esperanza,
porque ni la muerte nos arrebatará
nuestra paz y nuestra alegría.

Y el Señor resucitó, como anunció...
Como también nos anunció
que estaremos invitados a entrar en su Reino,
en la Gloria del Paraíso,
donde esperamos y pedimos
poder reencontrarnos
con nuestro/a hermano/a (Nombre).

OFRECIMIENTO Y PETICIÓN

Virgen Santísima, te ofrezco este Misterio
para que la incredulidad del Mundo
no aplaste nuestra confianza en Dios;
para que recordemos que Cristo ha resucitado
para que reinemos con él.

✤ SEGUNDO MISTERIO ✤ LA ASCENSIÓN DEL SEÑOR

Cuarenta días después de su Resurrección, Jesús vuelve a los Cielos, de donde vino para realizar la obra de nuestra salvación. Él, como Cabeza nuestra, nos dispondrá allí un lugar, pero no podemos olvidarnos de su promesa de permanecer con nosotros en este mundo. Él nos espera en el Sagrario, donde permanece real y verdaderamente, con su cuerpo, su sangre, su alma y su divinidad; también está presente por medio de su Palabra, de las Sagradas Escrituras; está presente en la vida de la Iglesia, en nuestra oración... También en los pobres y afligidos. Jesucristo vive en medio de nosotros.

DEL EVANGELIO DE SAN MATEO

Jesús les dijo: "He recibido todo poder en el cielo y en la tierra. Id, y haced que todos los pueblos sean discípulos míos, bautizándolos en el nombre del Padre y del Hijo y del Espíritu Santo, enseñándoles a cumplir todo lo que os he mandado. Yo estaré con vosotros siempre, hasta el fin del mundo". (Mt. 28:18-20)

MEDITACIÓN

Madre de Dios,
que nos entregaste al Salvador
que habría de redimir al mundo,
que con nosotros permanece
y que en su Gloria nos aguarda.

En este momento de tristeza y despedida,
ayúdanos a elevar nuestros ojos al Cielo,
al lugar para el que fuimos creados;
y que allí sea acogido/a
nuestro/a hermano/a (Nombre),
mientras que nosotros en la Tierra
no nos apartamos de su senda,
alejándonos de todo pecado.

Ayúdanos a mantener
nuestras almas limpias y dispuestas
para ser llamados por tu Hijo.

OFRECIMIENTO Y PETICIÓN

Madre Celestial, te ofrezco este Misterio
de tu Santísimo Rosario por cuantos lloran,
más aún por cuantos lloran sin consuelo;
para que el testimonio de tus hijos
y su implicación en atender
las necesidades de los afligidos
les pueda servir de bálsamo y alivio.

✠ TERCER MISTERIO ✠
LA VENIDA DE DIOS ESPÍRITU SANTO

A los diez días de la Ascensión, tuvo lugar el día de Pentecostés, en el que el Espíritu Santo descendió sobre la Iglesia para nutrirla con sus dones. Aquel día estaban reunidos la Santísima Virgen y los Apóstoles en el Cenáculo, permaneciendo unidos en su oración, cuando tras un fuerte estruendo, el Espíritu Santo llegó y se posó en forma de lenguas de fuego sobre sus cabezas.

DE LA CARTA A LOS GÁLATAS

Sabemos muy bien cuáles son las obras de la carne: fornicación, impureza y libertinaje, idolatría y superstición, enemistades y riñas, rivalidad y violencia, ambiciones y discordias, sectarismo, disensión y envidia, ebriedades y orgías, y todos los excesos de esta naturaleza. Os vuelvo a repetir que los que hacen estas cosas no poseerán el Reino de Dios. Por el contrario, los frutos del Espíritu son: amor, alegría y paz, bondad y confianza, magnanimidad, afabilidad, mansedumbre y templanza. (Gal. 5:19-23a)

MEDITACIÓN

Virgen Santísima,
del mismo modo que permanecías
unida en tu oración a los Apóstoles
en el día de Pentecostés,
permaneces ahora, junto con toda la Iglesia,
unida a nuestras oraciones,
aunque aparentemente estemos solos.

Haz que en nuestra vida brillen
los frutos del Espíritu Santo,
para que tengamos vida y libertad,
para que los frutos de la carne
ni nos esclavicen ni nos aparten
de la senda que nos conduce hasta el Cielo.

Ahora, rezando este Santo Rosario
por nuestro/a querido/a (Nombre),
no olvidemos que toda la Iglesia
permanece unida a esta plegaria.

OFRECIMIENTO Y PETICIÓN

Esposa de Dios Espíritu Santo,
te ofrecemos este Misterio por los cristianos
que se sienten solos en sus plegarias,
para que sientan nuestro apoyo
y también tu compañía, así como la de Cristo,
nuestra Cabeza; porque, siempre que oramos,
oramos en su nombre y está entre nosotros.

✤ CUARTO MISTERIO ✤
LA ASUNCIÓN
DE NUESTRA SEÑORA

En el año 1950, el Papa Pío XII proclamó el dogma de la Asunción, que afirma sobre la Santísima Virgen: "Una vez cumplido el curso de su vida terrena, fue elevada a la Gloria Celestial en cuerpo y alma". Es por ello que no existe ningún lugar donde se venere su cuerpo o su sepultura aquí en la tierra. Este singular don de Dios para ella es de gran provecho para todos sus hijos, que encontramos en ella un motivo de esperanza en lo que confiamos que también se cumpla en nosotros y en nuestros seres queridos, vivos y difuntos, algún día.

DEL LIBRO DEL APOCALIPSIS

El Templo de Dios, que está en el Cielo se abrió, quedando visible el Arca de la Alianza, y hubo relámpagos, voces, truenos, un gran terremoto y una gran granizada. Y en el Cielo apareció un gran signo: Una mujer revestida de sol, con la luna a sus pies, y una corona de doce estrellas sobre su cabeza. Estaba encinta, y gritaba de dolor porque iba a dar a luz. (Apoc. 11:19; 12:1-2)

MEDITACIÓN

Madre de Dios, que alumbraste a tu Hijo
en la pobreza de Belén;
ahora él, en el día de tu Asunción,
te eleva y te hace nacer para el Cielo.

Pide a Nuestro Señor
que no se olvide de llevarnos
también a nosotros hasta su Gloria,
donde seremos felices en vuestra compañía,
y en la de los ángeles y los santos
que también proclaman
la grandeza y la bondad
de Dios Padre y del Espíritu Santo.

Que el alma
de nuestro/a hermano/a (Nombre)
descanse ya en el Paraíso. Amén.

OFRECIMIENTO Y PETICIÓN

Virgen Asunta al Cielo, te ofrezco este Misterio
por el fruto espiritual de la labor
que se realiza en todos tus Santuarios;
y que sean lugares no sólo de favor,
sino también de conversión,
para que el Cielo que pedimos
para nuestros seres queridos
pueda ser también para nosotros.

✤ QUINTO MISTERIO ✤
LA CORONACIÓN DE MARÍA
COMO REINA DEL CIELO Y LA TIERRA

Honramos a la Santísima Virgen como Reina del Cielo por derecho propio y por don de Dios, ya que es la Madre de Cristo, Rey del Universo. En el libro del Apocalipsis se nos hablará de ella coronada de doce estrellas.

Su lugar es el Cielo, porque cumplió y guardó la Palabra de Dios, pero desde el Cielo también es Reina nuestra, aquí en la Tierra, porque nos guarda y protege como "cosa y posesión suya" como le rezamos en la Salve.

DEL LIBRO DEL ECLESIASTÉS

Acuérdate de tu Creador en los días de tu juventud, antes que lleguen los días penosos y los años en los que dirás: "No encuentro en ellos placer alguno"; antes que se oscurezcan el sol y la luz, la luna y las estrellas, y vuelvan las nubes cargadas de lluvia... Porque entonces se temerán las cuestas empinadas y los terrores acecharán por el camino. El almendro estará florecido, se pondrá pesada la langosta, y perderá su eficacia la alcaparra. Porque el hombre se va a su morada eterna, mientras las plañideras rondan por la calle. (Ecles. 12:1-2,5)

MEDITACIÓN

Dios te Salve,
Reina y Madre de Misericordia;
vida, dulzura y esperanza nuestra:
Guárdanos a nosotros,
a nuestro/a hermano/a (Nombre),
y a todos nuestros seres queridos difuntos
como cosa y posesión tuya.
Amén.

A ti te honramos como Reina,
ayúdanos a comportarnos como hijos;
porque quieres compartir con ellos
tu Corona Real.

OFRECIMIENTO Y PETICIÓN

Reina, Virgen y Madre de nuestro Rey.
Te ofrezco este Misterio
por los más humildes súbditos de tu Reino,
del Reino de tu amado Jesucristo,
por los más pequeños de tus hijos,
especialmente por los que hoy
serán llamados a su presencia.

Reina en nuestros corazones
para que seamos felices en la Tierra
y nada nos aparte del Camino hasta el Cielo.

JUEVES: MISTERIOS
DE LUZ
LA VIDA PÚBLICA DE JESÚS

Jesucristo es la Luz del Mundo, la Luz que brilla en la oscuridad. Durante su vida pública nos iluminó con sus enseñanzas, con sus acciones, y también con sus milagros, es por ello que estos Misterios, que fueron añadidos por Su Santidad el Papa San Juan Pablo II, se llamen "Misterios Luminosos". Nosotros, ante la muerte de un ser querido, somos especialmente acechados por las sombras de la duda, de la desconfianza, de la tristeza... Pero sólo en Jesucristo no caminaremos a ciegas y errantes. Hasta él llegaremos, con este Santo Rosario, por manos de su Madre.

OFRECIMIENTO
DE LOS MISTERIOS LUMINOSOS

Virgen Santísima, Madre del Salvador,
del Mesías prometido
por los antiguos profetas,
y cuya Palabra se vería acompañada
por grandes prodigios y favor con los pobres.

Te pedimos que le lleves a tu Hijo
nuestras oraciones en favor de (Nombre),
que ha partido es este mundo,
para que sea admitido/a
en el Reino de la Luz Eterna.

✤ PRIMER MISTERIO ✤
EL BAUTISMO
DEL SEÑOR EN EL JORDÁN

El bautismo de Juan era un bautismo de conversión, que expresaba y movía a la gente a cambiar de vida y hacer penitencia por sus pecados, es por ello que fuera escogido por Nuestro Señor como modelo para instituir el primero de los Sacramentos que recibimos los cristianos en nuestra vida. El Bautismo que nos entrega Jesús no sólo recoge nuestro propósito de hacer el bien, sino que nos hace nacer de nuevo dándonos su gracia para poder alcanzar la Vida Eterna, el Cielo.

DEL EVANGELIO DE SAN MATEO

(Dijo Juan:) "Yo os bautizo con agua para que os convirtáis; pero aquel que viene detrás de mí es más poderoso que yo, y no soy digno ni tan siquiera de quitarle las sandalias. Él os bautizará en el Espíritu Santo y en el fuego. Tiene en su mano la horquilla y limpiará su era: recogerá su trigo en el granero y quemará la paja en un fuego inextinguible". Entonces Jesús fue desde Galilea hasta el Jordán y se presentó a Juan para poder ser bautizado por él. (Mt. 3:11-13)

MEDITACIÓN

Virgen Santísima, por medio del Bautismo
recibimos la dignidad de hijos de Dios;
en ese día se puede imponer
sobre aquel que se bautiza
una vestidura blanca, con la exigencia de:
conservarla sin mancha hasta la vida Eterna.

Cuando crecemos, será una batalla constante
poder mantenerla limpia y reluciente,
para lo que necesitamos
del Sacramento de la Confesión,
un regalo de la Misericordia de Dios
que no cesa de ofrecernos
nuevas oportunidades de empezar de nuevo.

Madre buena,
a quien pido y presento mis plegarias
en favor de tu hijo/a (Nombre);
que también las acompañe de la promesa
de asumir mis compromisos bautismales
y acercarme con frecuencia a la Confesión.

OFRECIMIENTO Y PETICIÓN

Madre Inmaculada, te ofrezco este Misterio
por los padres y padrinos de los niños,
y también por los adultos, que se preparan
para recibir el Sacramento del Bautismo,
para que asuman su llamada a la santidad.

✦ SEGUNDO MISTERIO ✦
LAS BODAS DE CANÁ

En Caná de galilea Jesús comenzó a realizar milagros antes de su hora a petición de su Santísima Madre. El día de la boda es uno de los momentos más importantes para quienes son sus protagonistas, sean de la cultura que sean, reciban un Matrimonio Sacramental o, como expresa la teología, un matrimonio natural... ¡La Virgen no quiere ni que les falte el vino a estos novios! Ella no sólo supo de momentos de alegría, sino también de dolor, por lo que ahora que estamos ofreciendo este Santo Rosario ante el fallecimiento de un ser querido, ¿Cómo va a dejar nuestros ruegos a un lado sin presentárselos a su Hijo?

DEL EVANGELIO DE SAN JUAN

Se celebraron unas bodas en Caná de Galilea, y la Madre de Jesús estaba allí. Jesús fue también invitado a las bodas junto con sus discípulos. Cuando el vino se agotó, la madre de Jesús le dijo: "No tienen vino". Y Jesús le respondió: "Oh, mujer, ¿qué tienes que ver conmigo? Todavía no ha llegado mi hora". Pero su madre les dijo a los sirvientes: "Haced lo que él os diga". (Jn. 2:1-5)

MEDITACIÓN

Virgen Santísima, permíteme
que en este Misterio dirija una mirada
a la Sagrada Familia de Nazaret;
no sólo para honraros como modelo
de toda familia cristiana,
sino para poner en valor la familia en sí,
más en estos momentos
en el que los familiares
deben ayudarse los unos a los otros,
ofrecer en tu nombre el buen vino del amor,
de la preocupación por las necesidades,
de la compañía y del calor
que hemos de dar a quienes más lloran
la pérdida de nuestro/a hermano/a (Nombre)
y de cuantos podamos decir,
mirando a este pasaje, que les falta el vino...
Virgen Santísima, colma sus corazones
del buen vino de la caridad.

OFRECIMIENTO Y PETICIÓN

Santísima Virgen María,
te ofrezco este Misterio y te ruego a ti,
y también a tu esposo San José,
por las familias que acuden divididas
a dar cristiana sepultura a un ser querido,
para que no sólo no haya riñas,
sino que haya respeto, prudencia y caridad.

✦ TERCER MISTERIO ✦
EL ANUNCIO
DEL REINO DE DIOS
Y LA LLAMADA A LA CONVERSIÓN

Nuestro Señor nos invita a convertirnos, a ser santos para poder entrar en su Reino, y no podemos ser santos si no abrazamos nuestra cruz. ¿Y cuál es nuestra cruz? Cada cual tiene la suya, aunque ahora, todos cuantos estamos rezando este Santo Rosario compartimos la cruz del dolor por el fallecimiento de un ser querido. Ahora nuestra cruz también consiste en ser los Cirineos de los demás, ayudándoles a cargar con su cruz y su dolor.

DEL EVANGELIO DE SAN LUCAS

Jesús les dijo: "El que quiera venir detrás de mí, que renuncie a sí mismo, que cargue con su cruz de cada día y me siga. Porque aquel que quiera salvar su vida, la perderá y el que pierda su vida por mí, la salvará. ¿De qué le sirve a un hombre ganar el mundo entero si pierde y arruina su alma? Porque si alguien se avergüenza de mí y de mis palabras, el Hijo del Hombre se avergonzará de él cuando venga en su gloria y en la gloria del Padre y de los santos ángeles". (Lc 9:23-26)

MEDITACIÓN

Virgen y Reina, Madre Intacta, sin pecado,
que en todo momento te condujiste
ante las cruces de la vida alabando a Dios.

Tu Hijo nos invita a su Reino,
pero nos llama a la conversión;
porque a su Reino sólo podemos acceder,
en esta vida y para la vida futura,
por la senda estrecha; y amplio es el camino
que nos lleva hasta la perdición.

Ahora que oramos por tu hijo/a (Nombre),
haz que su muerte nos sirva de estímulo
para que deseemos atesorar,
mediante una vida santa, tesoros en el Cielo,
donde ni la polilla ni la carcoma
podrán corroerlos; y para él/ella
pedimos que Jesús le abra amorosamente
las puertas de su Reino Eterno.

OFRECIMIENTO Y PETICIÓN

Humilde Nazarena, te ofrezco este Misterio
para que nuestros sacrificios discretos
en favor de los más necesitados
hoy se centren en hacer más nobles
nuestros corazones y sirvan de alivio
a nuestro prójimo que llora.

✠ CUARTO MISTERIO ✠
LA TRANSFIGURACIÓN
DEL SEÑOR EN EL TABOR

Jesús muestra su Gloria a algunos de sus Apóstoles para prepararlos para el momento del dolor por la separación. Nosotros no podemos olvidarnos de que a la Gloria llegamos pasando por la Cruz, y tampoco podemos olvidarnos, cuando más nos pesa la cruz, de la grandeza que Dios ha manifestado con su brazo poderoso en nuestro favor durante nuestras vidas. Este Misterio puede estar invitándonos a darle gracias a Dios por haber tenido a nuestro/a hermano/a (Nombre) entre nosotros, ahora, en el momento del dolor y pena, recordando tantos buenos momentos y cuanto Dios hizo en su vida.

DEL EVANGELIO DE SAN LUCAS

Jesús tomó a Pedro, Juan y Santiago, y subió al monte a orar. Mientras oraba, su rostro cambió de aspecto y sus vestiduras se volvieron de una blancura deslumbrante. Dos hombres conversaban con él: eran Moisés y Elías, que aparecían revestidos de gloria y hablaban de la partida de Jesús, que sucedería en Jerusalén. Pedro y sus compañeros estaban rendidos de sueño, pero permanecieron despiertos, y vieron la gloria de Jesús y a los dos hombres que estaban junto a él. (Lc 9:28-32)

MEDITACIÓN

Reina de los Apóstoles, Virgen Santísima,
mira cómo cuida tu Hijo de tus hijos,
que siempre les da en la medida de su exigencia,
llevando a varios de los Apóstoles
a contemplar su Gloria y prepararlos
para el momento de la tribulación,
para que no se acobarden ni dude su fe.

En este momento nuestra fe se pone a prueba,
y es la fe la que nos puede sostener,
porque sólo tu Hijo
tiene palabras de Vida Eterna.

¿Dónde acudiremos, Madre Santa,
sino a buscar nuestro consuelo
en el Hijo que llevaste en tu vientre,
el que alzaste en tus brazos,
el que recogiste al pie de la Cruz?

OFRECIMIENTO Y PETICIÓN

Madre de los creyentes,
te ofrezco este Misterio en agradecimiento
por los dones y los consuelos de Dios
que depositaste en el alma y en la vida
de nuestro/a hermano/a (Nombre)
durante su paso por este valle de dolor.

✢ QUINTO MISTERIO ✢
LA INSTITUCIÓN
DE LA EUCARISTÍA

En este gran Misterio contemplamos la institución del Sacramento de la Eucaristía, que celebramos en la Santa Misa, por el que Jesús permanece con nosotros junto a nuestras casas, en el Sagrario, de una forma oculta para nuestros sentidos, pero real y elocuente para el alma con fe; antes de la Pasión, porque la Santa Misa es un verdadero sacrificio; y sentado a la mesa con sus discípulos en la Última Cena, porque es vínculo de unión fraterna, en la celebración de la Pascua, porque Jesucristo es quien nos lleva de la esclavitud del pecado a la libertad de los hijos de Dios, del reinado de la muerte hasta su Reino de Vida.

DEL EVANGELIO DE SAN JUAN

Os aseguro que quien cree tiene Vida eterna. Yo soy el pan de Vida. Vuestros padres, en el desierto, comieron el maná y murieron, pero este es el pan que desciende del cielo, para que aquel que lo coma no muera. Yo soy el pan vivo bajado del cielo. El que coma de este pan vivirá eternamente, y el pan que yo daré es mi carne para la Vida del mundo». (Jn. 6:47-51)

MEDITACIÓN

Virgen piadosa,
qué hermoso es contemplar este Misterio
en esta oración que te ofrecemos
por nuestro/a hermano/a
difunto/a (Nombre).

Aquí contemplamos la celebración
de la primera Misa de la Historia,
la que se actualiza hoy sobre cada altar,
la que tu amado Hijo ofreció
para el perdón de nuestros pecados,
que es la misma Misa que,
de un modo privado o público,
también podremos ofrecer
por el eterno descanso
de nuestro/a hermano/a (Nombre).

Qué hermoso es verte, Virgen María,
llevándonos de tu mano en esta oración
hasta el Sacramento de Nuestra Redención.

OFRECIMIENTO Y PETICIÓN

Madre de la Iglesia, te ofrezco este Misterio
junto con mi afecto y mayor amor
por tu Hijo hecho Hostia y alimento;
para que la recepción de la Sagrada Comunión
en estos días nos fortalezca ante el dolor.

VIERNES: MISTERIOS
DE DOLOR
PASIÓN Y MUERTE DE JESÚS

No deberíamos desvincular los Misterios Dolorosos de los demás Misterios del Santo Rosario, más aún cuando lo estamos rezando en favor de un difunto para quien pedimos que ya goce del Cielo, pero cada parte de la vida de Nuestro Señor tendrá su aportación a nuestra circunstancia. Jesucristo viene al mundo y nace para morir en la Cruz, y cuanto predica en su vida pública y cuanto obra en su Pasión cobran sentido y fuerza en su Resurrección y en los demás Misterios que meditaremos mañana. Pero aunque tengamos la luz de la meta clara, el sufrimiento, cuando llega, viene en un cáliz que nos costará beber.

OFRECIMIENTO
DE LOS MISTERIOS DOLOROSOS

Virgen Santísima, Madre Dolorosa,
tu Hijo pidió al Padre que apartara de él
el Cáliz de la Pasión, pero lo aceptó
por cumplir su misión en nuestro favor.
Ahora que despedimos con dolor
a nuestro/a hermano/a (Nombre),
recordemos que Dios tiene también un plan
para todos y cada uno de nosotros,
y culminará, pasando por la muerte,
si somos hallados dignos de pasar al Cielo.

✙ PRIMER MISTERIO ✙
LA ORACIÓN
EN EL HUERTO DE LOS OLIVOS

Al terminar la Última Cena, Jesús marchó con sus discípulos al Huerto de los Olivos para orar y prepararse así para su Pasión. Pero sus discípulos cayeron al suelo rendidos de sueño y no oraron. La oración de Jesús en esta noche le sostendrá para soportarlo todo, la falta de oración de los apóstoles les conducirá hasta el miedo y la dispersión, incluso Pedro negará a Jesús tres veces. Nosotros, en este momento de dolor ante la muerte, también necesitamos orar para permanecer fieles y no sucumbir.

DEL EVANGELIO DE SAN MARCOS

Tras cantar los Salmos, salieron hacia el monte de los Olivos. Y Jesús les dijo: "Todos vosotros os vais a escandalizar, porque dice la Escritura: Heriré al Pastor y se dispersarán las ovejas. Pero después de que yo resucite, me adelantaré a vosotros yendo a Galilea". Pedro le dijo: "Aunque todos se escandalicen, yo no me escandalizaré". Jesús le respondió: "Te aseguro que hoy, esta misma noche, antes de que cante el gallo por segunda vez, me habrás negado tres veces". (Mc. 14:26-30)

MEDITACIÓN

Virgen Dolorosa, Madre del Redentor;
tú supiste no sólo que la traición
vino por uno a quien tu Hijo
había llamado "amigo", sentado a su mesa,
e incluso compartido con él su Última Cena;
sino que también pudiste ver con tus ojos
que sólo Juan fue fiel a su Maestro
y que los demás huyeron presa del miedo.

Qué importante es la oración
para sostenernos en los envites de la vida,
para que Dios nos levante, nos dé valor,
entrega, generosidad, honestidad, lealtad...
Es por ello que un alma de oración sincera,
si su oración es sincera, será virtuosa.

Tú, Señora, llena de Gracia y Virtudes,
eres el espejo maternal en el que debería
contemplar mi vida, mis acciones,
e incluso, aún más importante, mis deseos.

OFRECIMIENTO Y PETICIÓN

Divina Pastora, y Madre de Nuestro Pastor,
que no quiere que se pierda
ninguna de las ovejas que le fueron confiadas;
te ofrezco este Misterio para que ayudes
a nuestros oídos a estar atentos
a la voz de tu Hijo para que no nos perdamos.

✦ SEGUNDO MISTERIO ✦
LA FLAGELACIÓN
DE NUESTRO SEÑOR

Jesús pasó toda la noche en vela desde su detención en el Huerto de los Olivos hasta su muerte: Recluido en los calabozos, siendo llevado ante los sacerdotes, ante Herodes, ante Pilato... Su cansancio era extremo cuando llega el momento del juicio, pero ahora comenzará el turno del dolor físico, aunque ya había recibido empujones y bofetadas...

DEL EVANGELIO DE SAN MARCOS

Pilato les dijo: "¿Queréis que libere al rey de los judíos?". Él bien sabía que los sumos sacerdotes lo habían entregado por envidia. Pero los sumos sacerdotes incitaron a la multitud a pedir la libertad de Barrabás. Pilato prosiguió: "¿Qué debo hacer, entonces, con el que llamáis rey de los judíos?". Ellos volvían a gritar: "¡Crucifícalo!". Pilato les dijo: "¿Qué mal ha hecho?" Pero ellos gritaban cada vez con más fuerza: "¡Crucifícalo!" Pilato, para contentar a la multitud, les puso en libertad a Barrabás; y a Jesús, después de haberlo hecho azotar, lo entregó para que fuera crucificado. (Mc 15:9-15)

MEDITACIÓN

Virgen de la Amargura,
el Pueblo que fue escogido por Dios
ahora escoge a Barrabás;
el Pueblo que había de ser medio de salvación
ahora promueve la condena para el Mesías...

Pero antes, qué larga noche soportó tu Hijo,
siendo conducido de un lugar a otro
para prestar declaración ante los sacerdotes,
ante Herodes, ante Pilato...
No hubo lugar para el descanso;
el único descanso que tuvo Jesús desde la Cena
fue su propia oración en el Huerto de los Olivos.

Muchas son las personas que velan y oran
ante el cuerpo de sus seres queridos
toda la noche antes de su entierro;
y quizá sea éste un buen momento
para orar por quienes así oran.

OFRECIMIENTO Y PETICIÓN

Virgen Santísima, modelo de oración,
te ofrezco este Misterio por quienes velan,
por quienes velan en oración
antes de realizar la caridad
de dar cristiana sepultura a los suyos;
premia su entrega, y guárdalos despiertos.

✦ TERCER MISTERIO ✦
LA CORONACIÓN DE ESPINAS

Tras la flagelación, antes de llevarse a Jesús hasta el Monte Calvario para crucificarlo, tuvo lugar una de las escenas más dantescas de toda la Pasión; en ella se mezcló la ira, la burla, el odio, e incluso la superficialidad que suele acompañar a la soberbia... Aquellos soldados interiorizaron e hicieron suyo todo cuanto los judíos que pedían la muerte del Señor hubieran hecho con él. Con aquel cruel divertimento quisieron llevarse parte de su paga, como cuando después se lleven su ropa.

DEL EVANGELIO DE SAN MATEO

Los soldados del gobernador se llevaron a Jesús al pretorio, y reunieron a toda la guardia alrededor de él. Entonces lo desnudaron y le pusieron un manto rojo. Luego trenzaron una corona de espinas y la colocaron sobre su cabeza, también una caña en su mano derecha y, doblando la rodilla ante él, se burlaban, diciendo: "Salve, rey de los judíos". Y escupiéndolo, le quitaron la caña y con ella le golpearon en la cabeza. Tras burlarse de él, le quitaron el manto, le pusieron de nuevo sus vestiduras y se lo llevaron para crucificarlo. (Mt. 27:27-31)

MEDITACIÓN

Virgen Dolorosa, Madre del Rey,
tu Hijo no sólo fue ajusticiado
por la justicia humana,
sino que fue humillado por aquellos
que debían velar por ella.

Este Santo Rosario lo estamos ofreciendo
por el eterno descanso
de nuestro/a hermano/a (Nombre),
también por todos nuestros difuntos.

Y por qué no también
por todos los difuntos en general,
por los que nuestro/a hermano/a
también quisiera que rezásemos.

Por ello, acordémonos también
de cuantos mueren de un modo cruento,
con el aplauso de los hombres,
entre la ira y la soberbia de sus ejecutores,
ya sea en tiempos de guerra o en la paz.

OFRECIMIENTO Y PETICIÓN

Virgen Santísima, Reina y Nazarena,
te ofrezco este misterio por cuantos velan
para prestar las atenciones debidas
a cuantos ven ya próxima su muerte.

✟ CUARTO MISTERIO ✟
JESÚS CARGA CON LA CRUZ

Jesús cargó con la Santa Cruz hasta la cima del Monte Calvario, como era la costumbre para con quienes iban a ser ejecutados. El camino fue largo y penoso, los soldados tenían prisas, y su impaciencia también recaía sobre Nuestro Señor, que para con nadie tuvo un gesto feo o de desaire, es más, consoló a la Verónica, a otras santas mujeres, incluso a su propia Madre... Muchas personas también recorren un largo camino de cruz cuando permanecen por amor junto a un anciano que con los años ve cómo su vida se va apagando, o junto a una persona que sufre una larga y terrible enfermedad. Hemos de orar tanto por ellos como por quienes la muerte de un ser querido les sobreviene sin avisar, sin tiempo para prepararse para el momento del dolor.

DEL EVANGELIO DE SAN MATEO

Venid a mí todos los que estáis afligidos y agobiados, que yo os aliviaré. Cargad sobre vosotros mi yugo y aprended de mí, porque soy paciente y humilde de corazón, y así encontraréis alivio. Porque mi yugo es suave y mi carga liviana. (Mt. 11:28-30)

MEDITACIÓN

Virgen Dolorosa, Madre del Nazareno,
lleva ante Dios nuestras oraciones
por el eterno descanso
de nuestro/a hermano/a (Nombre),
pero lleva también los méritos de aquellos
que acompañan a sus seres queridos
durante la vejez, la enfermedad,
incluso durante la agonía;
también los méritos
de cuantos llevan a un sacerdote
junto a un enfermo para que lo confiese,
para darle la Sagrada Comunión,
así como el Sacramento
de la Unción de los Enfermos...
Ellos son quienes ayudan
a que tengan una muerte cristiana
sus seres queridos,
los que ayudan a que sus padecimientos
hayan tenido consuelo y sentido.

OFRECIMIENTO Y PETICIÓN

Virgen Santísima, Madre de Dios y Madre mía,
te ofrezco este Misterio de tu Santo Rosario
para que quienes se preocupan del alma
de aquellos que ven ya próxima su muerte
también tengan quienes los acompañen
con los auxilios cristianos en la suya propia.

✠ QUINTO MISTERIO ✠
LA MUERTE
DE JESÚS EN LA CRUZ

Jesús muere en la Cruz para darnos Vida, para desatar una vez más, y esta vez para siempre, la Misericordia Divina. Antes de su Muerte prometió el Cielo al Buen Ladrón en una de las escenas más hermosas de toda la Sagrada Escritura; tras su muerte, una lanza atravesará su costado, del que saldrá el Agua que nos purifica y la Sangre que nos nutre desde su Sagrado Corazón.

DEL EVANGELIO DE SAN LUCAS

Uno de los malhechores que estaba clavado junto a Jesús lo insultaba diciendo: "¿No dices que tú eres el Mesías? Sálvate tú, y sálvanos a nosotros también". Pero el otro hombre le reprendió: "¿No tienes miedo de Dios? ¿Acaso no estás sufriendo igual castigo? Nosotros sí merecemos este castigo, porque hemos sido muy malos; pero este hombre no ha hecho nada malo para merecerlo". Luego, le dijo a Jesús: "Jesús, no te olvides de mí cuando llegues a tu Reino". Jesús le dijo: "Te aseguro que hoy estarás conmigo en el Paraíso". (Lc. 23:39-43)

MEDITACIÓN

Virgen Dolorosa,
que contemplaste cómo tu Hijo
le dijo a aquel Buen Ladrón arrepentido
que ese mismo día estaría con él en el Paraíso;
lleva por tu mano nuestra misma petición
hasta Nuestro Señor y Salvador
en favor de nuestro/a hermano/a (Nombre):
"Jesús, no te olvides de tu siervo/a (Nombre),
que está llamando a las puertas de tu Reino",
para que le permita entrar
y permanecer para siempre en el Paraíso.

Y tú, Virgen Santísima,
que lloraste como Madre y como discípula
a tu Hijo, a tu Maestro y Señor,
seca nuestros ojos y limpia nuestros rostros,
para que podamos
elevar la mirada hacia el Cielo
y darle las gracias a Dios por haber puesto
a nuestro/a hermano/a (Nombre)
en nuestras vidas.

OFRECIMIENTO Y PETICIÓN

Virgen Santa, Virgen Pura,
te ofrezco este Misterio para pedirte
que la Preciosa Sangre de tu Hijo
purifique y haga buenas nuestras plegarias.

SÁBADO: MISTERIOS DE GOZO

CONCEPCIÓN, NACIMIENTO E INFANCIA DE JESÚS

Hoy sábado, día especialmente dedicado a la Santísima Virgen, contemplamos los Misterios Gozosos, los Misterios que nos remiten al nacimiento y a la infancia de Jesús, en los que Nuestra Madre cobra un especial protagonismo. Pero, hablando de la Virgen y orando por nuestros difuntos, no podemos olvidar, siendo sábado, tener un especial recuerdo por las Benditas Ánimas del Purgatorio, a las que Nuestra Madre, bajo su advocación de "la Virgen del Carmen" prometió auxiliar especialmente en este día y llevar a muchas con ella hasta el Cielo.

OFRECIMIENTO
DE LOS MISTERIOS GOZOSOS

Virgen Santísima;
te ofrecemos el rezo de este Santo Rosario
por el eterno descanso de tu hijo/a (Nombre);
acuérdate también de todos nuestros difuntos,
y de cuantos puedan hallarse en el Purgatorio
purificando sus almas antes de ir al Cielo,
con un corazón sanado y limpio
de las heridas y manchas del pecado.
No sabemos quiénes estarán ahora allí,
pero sí sabemos que necesitan nuestros ruegos
y que los agradecerán por toda la eternidad.

✠ PRIMER MISTERIO ✠
LA ANUNCIACIÓN Y LA
ENCARNACIÓN DEL SEÑOR

La Santísima Virgen acepta libremente el plan de Dios, renunciando a sí misma en favor de toda la humanidad. Dice: "Sí" a ser Madre del Mesías prometido para la liberación del mundo; y Cristo viene al mundo, para salvarnos.

DEL EVANGELIO DE SAN LUCAS

El ángel Gabriel fue enviado por Dios a una ciudad de Galilea, llamada Nazaret, a una virgen comprometida con un hombre de la familia de David, llamado José. El nombre de la virgen era María. El ángel entró en su casa y la saludó, diciendo: "¡Alégrate!, llena de gracia, el Señor está contigo". Al escuchar estas palabras, ella quedó desconcertada y se preguntaba qué podía significar aquel saludo. Pero el ángel le dijo: "No temas, María, porque Dios te ha favorecido. Concebirás y darás a luz un hijo, y le pondrás por nombre Jesús; será grande, y lo llamarán Hijo del Altísimo. El Señor Dios le dará el trono de David, su padre, y reinará sobre la casa de Jacob para siempre y su reino no tendrá fin". (Lc. 1:26b-33)

MEDITACIÓN

Santísima Madre de Dios,
a la luz del Misterio de la Encarnación
podemos dirigir nuestra mirada
a la humanidad entera antes de aquel momento;
el mundo permanecía en tinieblas,
alejada de Dios, esperando un Salvador,
que llega por medio de tu "SÍ" generoso.

Ese tiempo de espera y de preparación,
que duró miles de años, nos recuerda
a las Benditas Ánimas del Purgatorio,
que también esperan, que también aguardan,
pero tristes ante todo por la lejanía de Dios,
a quien ya pudieron ver antes de iniciar
su camino particular de sanación.

OFRECIMIENTO Y PETICIÓN

Santísima Virgen del Carmen,
no conocemos los nombres de las personas
que en estos momentos están en el Purgatorio,
que se saben ya salvadas, pero que sufren
a causa de verse alejadas de Dios
mientras son sanadas con amor y dolor
a causa de las heridas que el pecado les dejó,
así como por la penitencia que necesitaron
y no realizaron en esta vida.
Llévalas contigo hasta el Cielo,
o al menos dales mientras tanto tu consuelo.

✛ SEGUNDO MISTERIO ✛ LA VISITACIÓN DE MARÍA A SANTA ISABEL

La Santísima Virgen, al saber que su prima Isabel también estaba encinta, a pesar de su avanzada edad, fue hasta las montañas para atenderla en su casa, acompañarla, y también a escucharla y compartir con ella sus asuntos, sus esperanzas y sus inquietudes. En este Santo Rosario que ofrecemos por los difuntos, este Misterio nos invita a poner en valor a la familia cristiana ante nuestras necesidades, también en los momentos de apuro o de dolor.

DEL EVANGELIO DE SAN LUCAS

En aquellos días, María marchó hasta un pueblo de la montaña de Judá. Entró en la casa de Zacarías y saludó a Isabel. En cuanto Isabel oyó el saludo de María, el niño saltó de alegría en su seno, y llena de Espíritu Santo, exclamó: "¡Bendita tú entre todas las mujeres y bendito es el fruto de tu vientre! ¿Quién soy yo, para que la madre de mi Señor venga a visitarme? Apenas oí tu saludo, el niño saltó de alegría en mi seno. Dichosa tú por haber creído que se cumplirá lo que te fue anunciado de parte del Señor". (Lc. 1:39-45)

MEDITACIÓN

Virgen Santísima,
tu modo de prepararte para el parto
fue ir a ayudar a tu prima Isabel
que se encontraba en un estado
más avanzado de gestación.

Muchas personas nos confortan desde la fe
cuando llega el momento del dolor
por la separación de un ser querido
a causa de la muerte;
esas mismas palabras, necesarias para otros,
serán las mismas que podrán tener para sí
cuando también a ellos les llegue
pasar por estos difíciles momentos.

¡Qué hermoso es, María, poder ver
que cuando ayudamos a los demás
también aprendemos para nosotros.

OFRECIMIENTO Y PETICIÓN

Virgen Bendita entre todas las mujeres;
te ofrezco este Misterio
por quienes atraviesan por el momento
de la muerte de un ser querido
de una manera solitaria,
sin el calor y el afecto de una familia
que los acompañe.

✠ TERCER MISTERIO ✠
EL NACIMIENTO
DE JESUCRISTO EN BELÉN

El Nacimiento del Mesías es el pasaje más hermoso de todas las Sagradas Escrituras, no sólo por su redacción, sino también por los hechos que narra: Los cánticos de los ángeles, el anuncio a los pastores, o lo más importante que es el propio nacimiento del Salvador del mundo. En este momento de tristeza podrá confortar nuestros corazones, haciéndonos sentir como si allí estuviéramos con San José, la Virgen y el Niño; aunque también ellos nos hablarían de sus estrecheces, recordándonos que en esta vida estamos de paso, sin morada.

DEL EVANGELIO DE SAN LUCAS

José, que pertenecía a la familia de David, salió de una ciudad de Galilea llamada Nazaret, y se dirigió a Belén de Judea, la ciudad de David, para inscribirse con su esposa, María, que se encontraba encinta. Mientras que se encontraban en Belén, le llegó el tiempo de ser madre; y María dio a luz a su Primogénito, lo envolvió en pañales y lo acostó en un pesebre, porque no había en la posada un lugar para ellos. (Lc. 2:4-7)

MEDITACIÓN

Virgen Santísima,
que nos recuerdas en este Misterio
que en esta vida no tenemos un techo seguro
bajo el que cobijarnos eternamente,
que estamos de paso por esta vida,
igual que tú, San José y tu Hijo en Belén,
y que, como diría Santa Teresa de Ávila,
esta vida es una mala noche
en una mala posada, aunque tú, Madre mía,
ni tan siquiera la tuviste para dar a luz
a la misma Luz del mundo.

Acuérdate de tu hijo/a (Nombre),
por quien ofrecemos este Santo Rosario,
para que su nombre
se haya inscrito en el Cielo
y sea ya feliz para siempre
en su Patria definitiva,
en el Reino Eterno de tu Hijo,
Rey y Soberano del Universo.

OFRECIMIENTO Y PETICIÓN

Reina del Cielo, Madre del Dios verdadero,
te ofrezco este Misterio por quienes mueren
lejos de sus hogares y de sus familias;
para que puedan recibir un entierro digno
y los suyos se vean fortalecidos
ante tan difícil circunstancia.

✢ CUARTO MISTERIO ✢
LA PRESENTACIÓN DE JESÚS EN EL TEMPLO

Junto a la Purificación de la Virgen, se realiza la Presentación de Jesús en el Templo, ofreciéndole y consagrándole al Padre; y así se llevaba una ofrenda según la Ley. Nosotros también hacemos ofrendas en los templos, pero han de ser sobre todo un ofrecimiento de nosotros mismos, de cuanto somos y tenemos porque todo nos llega de Dios. Nuestras ofrendas nos recuerdan de quién procede todo don y beneficio. También debemos dejar ir a nuestros difuntos, porque fueron un don de Dios que no podrán estar en mejores manos.

DEL LIBRO DEL DEUTERONOMIO

Él nos condujo hasta este lugar y nos dio esta tierra que mana leche y miel. Por eso ofrezco ahora las primicias de los frutos del suelo que tú, Señor, me entregaste. Por eso tú depositarás las primicias ante el Señor, tu Dios, y te postrarás ante el Señor, tu Dios. Luego te regocijarás por todos los bienes que él te concede, a ti y a tu casa, y también se alegrarán los levitas y extranjeros que vivan contigo. (Deut. 26:9-11)

MEDITACIÓN

Virgen Santísima,
recordando la Presentación de tu Hijo
en el Templo tras tu Purificación,
recordamos el sentido de nuestras ofrendas.

Muy seguramente
hayamos hecho alguna ofrenda en favor
de nuestro/a hermano/a (Nombre),
entregando una limosna,
encendiendo alguna vela por él/ella,
pero no olvidemos acompañar este gesto
de aquellas cosas que les dan sentido:
Nuestra oración, nuestra entrega,
y nuestro desprendimiento y generosidad;
esto último será lo que nos invite
a alcanzar la paz que buscan
nuestros corazones entristecidos,
poniendo en manos de Dios nuestro adiós,
para que él lo convierta en un hasta luego,
sabiendo que, de mientras, quienes más amamos
estarán en mejores manos que en las nuestras.

OFRECIMIENTO Y PETICIÓN

Virgen Santísima te ofrezco este Misterio
para que lo lleves ante la presencia de Dios
como ofrenda de gratitud
por la vida de nuestro/a hermano/a (Nombre).

✠ QUINTO MISTERIO ✠
EL NIÑO PERDIDO
Y HALLADO EN EL TEMPLO

Siendo ya Jesús un muchacho, podía gozar de la libertad que José y María le podían dar a pesar de los muchos peligros que existen en la vida. Ellos confiaban en su responsabilidad, por eso no se preocuparon cuando volvieron de Jerusalén hasta Nazaret tras visitar el Templo por la Pascua. Pero a mitad de camino lo echaron en falta, no era normal que el Niño no estuviera por ninguna parte en aquella caravana. Cuando José y María lo buscaron en Jerusalén, lo hallaron en el Templo, hablando sabiamente a los doctores.

DEL EVANGELIO DE SAN LUCAS

La madre de Jesús le preguntó: "¡Hijo! ¿Por qué nos has hecho esto? Tu padre y yo te buscábamos. Estábamos muy preocupados por ti". Pero Jesús les respondió: "¿Por qué me buscabais? ¿No sabíais que yo debo estar en la casa de mi Padre?" Ellos no entendieron lo que quiso decirles. Entonces Jesús volvió con sus padres a Nazaret, y los obedecía en todo. Su madre pensaba mucho en todo lo que había pasado. (Lc 2:48b-51)

MEDITACIÓN

Madre de Dios y Madre nuestra,
que perdiste a tu amado Hijo en el Templo,
porque allí se quedó ocupándose
de los asuntos de su Padre Dios.

Este Santo Rosario lo ofrecemos
por un/a hermano/a nuestro/a
a quien hemos perdido, su nombre es:
(Nombre); te pedimos, Madre buena, que,
aunque nosotros sintamos su pérdida,
no se haya apartado de tu mano,
y que pueda estar ocupándose en el Cielo
de los asuntos de su Padre Dios,
siendo ya para siempre feliz
en el Reino de la dicha y la bienaventuranza.

Bienaventurado San José,
auxílianos también a nosotros
en el final de nuestras vidas,
para que tengamos una muerte cristiana,
y tu Hijo nos siente para siempre a su mesa.

OFRECIMIENTO Y PETICIÓN

Virgen, Madre y Esposa, te ofrezco este Misterio
por las familias que no pueden enterrar
los cuerpos de sus seres queridos;
para que se vean fortalecidos por esta oración
y sea meritorio ante Dios su inmenso dolor.

DOMINGO: MISTERIOS
DE GLORIA
EL TRIUNFO DE JESÚS

La venida al mundo de Nuestro Salvador fue en nuestro favor, como su vida; su propia muerte fue por nosotros, pero ahí no quedó todo: También regresa al Cielo, del que vino por nosotros y al que ahora quiere volver con nosotros tras pagar nuestro rescate. Los Misterios de Gloria hablan de cómo la misión del Mesías culmina en el Cielo, pero ya no sin nosotros. En nuestro camino hasta el Cielo no nos faltará el auxilio de María, que ya está allí en la plenitud de su cuerpo y alma, reinando desde la Gloria la que fue la más humilde esclava, ahora recogiendo nuestro humilde ruego por el eterno descanso de (Nombre).

OFRECIMIENTO
DE LOS MISTERIOS GLORIOSOS

Reina y Señora de Cielos y Tierra,
Reina de los ángeles,
que ante el Trono del Altísimo
presentas nuestras humildes súplicas;
recoge y eleva nuestras plegarias
y el rezo de este Santo Rosario
por el eterno descanso
de nuestro/a hermano/a (Nombre),
para que Dios acoja amorosamente su alma
a la espera de la resurrección de los cuerpos.

✝ PRIMER MISTERIO ✝ LA RESURRECCIÓN DEL SEÑOR

Durante su Vida Pública, Jesucristo realizó milagros que expresaron su poder sobre la muerte, quizá el más significativo fue la resurrección de su amigo Lázaro. Pero el Señor no resucitará al modo que Lázaro, para volver a morir más tarde, sino ya para siempre, para volver al Cielo; aunque, por amor a los suyos, y para fortalecer su fe, permanecería en cuerpo glorioso aquí en la Tierra hasta el día de su Ascensión. Nosotros confiamos en que nuestras almas, separadas de sus cuerpos, se reencontrarán con éstos ya gloriosos en el día de la resurrección final.

DEL EVANGELIO DE SAN JUAN

Entonces dijo Jesús a Marta: "Tu hermano resucitará". Marta le respondió: "Sé que resucitará en la resurrección del último día". Jesús le dijo: "Yo soy la Resurrección y la Vida. El que cree en mí, aunque muera, vivirá: y todo el que vive y cree en mí, no morirá jamás. ¿Crees esto?". Ella le respondió: "Sí, Señor, yo creo que tú eres el Mesías, el Hijo de Dios, el que tenía que venir al mundo". (Jn. 11:23-27)

MEDITACIÓN

Virgen Santísima,
que viste a tu Hijo morir,
y ahora sabes que ha resucitado,
ya para siempre, para volver al Cielo,
y para llevarnos algún día con Él.

Ayúdanos a vivir una vida santa,
a morir a nosotros mismos,
y a abrazar nuestra cruz,
caminando por la senda estrecha
hasta donde reciben su premio
quienes guardaron los mandatos del Señor.

La Resurrección de tu Hijo
tan sólo ha sido la de quien es la cabeza,
ahora faltamos los miembros;
por ello, en el Señor oramos
y al Señor le pedimos que acoja de momento
el alma de nuestro/a hermano/a (Nombre),
a la espera de la resurrección de los cuerpos
para el día del Juicio Final.

OFRECIMIENTO Y PETICIÓN

Virgen Santísima, Madre de la Iglesia,
te ofrezco este Misterio por todos los difuntos,
especialmente los que están retenidos
sanando sus almas en el Purgatorio.

✚ SEGUNDO MISTERIO ✚
LA ASCENSIÓN DEL SEÑOR

Cuarenta días después de su Resurrección, el Señor asciende a los Cielos para prepararnos un lugar y para enviarnos al Espíritu Santo. Durante esos cuarenta días no sólo pudo dar testimonio de su Resurrección a muchos, fortaleciendo su fe, sino que comunicó sus últimos encargos a sus discípulos para que continuasen su obra en su Santo Nombre. Nosotros también somos sus discípulos, y así también a nosotros nos encarga continuar su obra, y proclamar sus mismas Palabras de Vida Eterna, como San Pedro las definió.

DEL EVANGELIO DE SAN MARCOS

Entonces les dijo: "Id por todo el mundo, y anunciad la Buena Noticia a toda la creación. El que crea y se bautice, se salvará. El que no crea, se condenará". (...) Después de decirles esto, el Señor Jesús fue llevado al cielo y permanece sentado a la derecha de Dios. Ellos fueron a predicar por todas partes, y el Señor los asistía y confirmaba su palabra con los milagros que la acompañaban. (Mc. 16:15-16,19-20)

MEDITACIÓN

Madre de Jesús y Madre mía,
vuestra presencia en el Cielo
nos habla de la Vida Eterna,
a la que estamos invitados a participar,
por eso pedimos que nuestro/a hermano/a
(Nombre) disfrute ya de la meta.

Pero nosotros
aún estamos haciendo el camino,
y hemos de procurar
que no seamos los últimos,
anunciando el Evangelio
para que vengan otros detrás nuestra,
como quiso tu Hijo y nos encargó.

La fe de aquellos discípulos
permitía a Dios obrar prodigios por ellos;
¡cuánto amor y penitencia necesito
para acoger la Gracia de Dios
en un vaso digno, limpio y reluciente!

OFRECIMIENTO Y PETICIÓN

Madre de Cristo cabeza de su Iglesia;
te ofrezco este Misterio por todo apostolado
que haga presente las Palabras de Vida Eterna
que nos confió tu Hijo para anunciarlas
a quienes no tienen su apoyo en este dolor.

✢ TERCER MISTERIO ✢
LA VENIDA DE
DIOS ESPÍRITU SANTO

Jesucristo envió al Espíritu Santo a su Iglesia para que pudieran ver lo que antes no veían, para que pudieran comprender lo que antes no comprendían, para que pudieran realizar las obras de las que antes eran incapaces... Por el Espíritu Santo y su Gracia, Dios obra en nosotros prodigios admirables, vencemos a nuestro Enemigo y testimoniamos la Luz en favor de un mundo en tinieblas.

DEL LIBRO DE LOS HECHOS
DE LOS APÓSTOLES

Al llegar el día de Pentecostés, estaban reunidos todos en el mismo lugar. De repente, un ruido vino del cielo, semejante a una fuerte ráfaga de viento, que resonó en toda la casa donde se encontraban. Entonces vieron como unas lenguas de fuego aparecerse, que por separado descendieron sobre cada uno de ellos. Todos quedaron llenos del Espíritu Santo, y comenzaron a hablar en distintas lenguas, según en modo en que el Espíritu les permitía expresarse. (Hch. 2:1-4)

MEDITACIÓN

Virgen Santísima,
Esposa de Dios Espíritu Santo.
Tu Hijo envió el Espíritu Santo a su Iglesia
en el día de Pentecostés,
para santificarla y fortalecerla
por medio de sus frutos y de sus dones.

El Espíritu Santo nos abrirá los ojos
en este momento triste,
para secarlos, consolando nuestros corazones,
y nos permitirá ver más allá
de lo que vemos según la carne,
con ojos de Fe, de Esperanza y de Caridad;
para que en este momento creamos,
confiemos y amemos.

El Espíritu Santo no defrauda,
sus obras son infinitas,
y su poder es incalculable.

OFRECIMIENTO Y PETICIÓN

Esposa de Dios Espíritu Santo,
te ofrecemos este Misterio del Santo Rosario
por nuestros hermanos en la Fe
que titubean en el momento de la prueba;
para que recuerden que la Gracia
siempre será mayor que la tentación.

✦ CUARTO MISTERIO ✦
LA ASUNCIÓN
DE NUESTRA SEÑORA

La Santísima Virgen fue elevada hasta los Cielos en cuerpo y alma una vez que terminó su peregrinar terreno. Este dogma de nuestra madre la Iglesia nos ayuda a confiar en lo que esperamos para nosotros y nuestros seres queridos algún día, cuando nuestros cuerpos resuciten al final de los tiempos y vuelvan a unirse a nuestras almas; confiando en que habremos vencido nuestra batalla contra el Enemigo y seamos hallados dignos de gozar de la Gloria de Dios para siempre. Para poder alcanzar el Cielo, tenemos el auxilio maternal de María y su ejemplo de virtud.

DEL LIBRO DEL APOCALIPSIS

Y apareció en el cielo un signo portentoso: una Mujer revestida de sol, con la luna bajo sus pies y una corona de doce estrellas en su cabeza. El Dragón, enfurecido contra la Mujer, marchó para a luchar contra el resto de su descendencia, contra los que obedecen los mandamientos de Dios y poseen el testimonio de Jesús. (Apoc. 12:1,17)

MEDITACIÓN

Virgen Santísima,
que fuiste llevada a los Cielos
en cuerpo y alma
por un singularísimo don de Dios.

Este Misterio nos ofrece la certeza
de que no luchamos en vano
para alcanzar la meta como criaturas
amadas por nuestro Creador;
siendo, además, auxiliados por su Gracia.

Madre Santa,
ruega a Dios para que el alma de tu hijo/a
(Nombre)
sea admitida en la Gloria del Cielo;
para que también goce de tu compañía
y la de su Santo Ángel de la Guarda
en la presencia de Dios.

OFRECIMIENTO Y PETICIÓN

Virgen Asunta al Cielo, te ofrezco este Misterio
por cuantos confiaron su propia muerte
a tu auxilio, al de San José,
y al de su Santo Ángel Custodio;
para que puedan gozar ya
de vuestra compañía
siendo amadas para siempre por su Creador.

✠ QUINTO MISTERIO ✠
LA CORONACIÓN DE MARÍA
COMO REINA DE CIELOS Y TIERRA

La Santísima Virgen María, Madre de Dios, Madre de Cristo Rey del Universo, es por derecho y gracia la Reina de la Creación. No es una Reina según el espíritu del mundo, sino según el espíritu de Dios; una Reina según las enseñanzas de su Hijo, que exige a quienes están los primeros ser los servidores de todos, los siervos de los siervos, humildes y sencillos como niños. Contemplar a la Virgen Reina en este Rosario de difuntos es contemplar la corona del triunfo de la virtud, el cetro de la mano tendida, el manto que nos cobija... Y el Reino al que pertenecemos, el de su Hijo.

DEL LIBRO DE LOS PROVERBIOS

Ahora, hijos, escuchadme: ¡dichosos los que guardan mis caminos! Escuchad la instrucción y sed sabios: ¡no la descuidéis! ¡Feliz el hombre que me escucha, velando a mis puertas día tras día y vigilando a la entrada de mi casa! Porque el que me encuentra ha encontrado la vida y ha obtenido el favor del Señor; pero el que peca contra mí se hace daño a sí mismo. Todos los que me odian, aman la muerte. (Proverbios 8:32-36)

MEDITACIÓN

Reina de la Creación,
dispensadora de los tesoros divinos,
de la Gracia del Altísimo.
Tu Hijo vino al mundo por tu vientre,
por tu disponibilidad al plan divino,
que no era otro
que el de alcanzarnos el justo perdón
tras nuestra caída.

Muchas madres en la tierra dicen
que su corona son sus hijos;
permíteme alcanzar tal consideración,
no para vanagloria propia,
sino como estímulo para luchar más cada día.

Y pide al Soberano Creador y Señor
de todas las cosas que se cumpla
su plan de salvación y plenitud
para con nuestro/a hermano/a (Nombre),
que ha dejado este mundo
para encontrarse al fin con él.

OFRECIMIENTO Y PETICIÓN

Virgen Madre de Dios, Reina y Madre del Rey,
te ofrezco este Misterio por el alma
de todos los difuntos que en esta semana
han partido al encuentro de su Señor.

LETANÍAS
LAURETANAS

Sin ser parte oficial o esencial del rezo del Santo Rosario, el rezo de la Letanía de Loreto (también nombrada en plural: "Letanías Lauretanas") tras la contemplación de los Misterios es una costumbre provechosa, muy arraigada y universalmente extendida.

Comenzamos con un breve acto penitencial y de contrición:

+ Señor, ten piedad
Repítase: *Señor, ten piedad*
+ Cristo, ten piedad
Repítase: *Cristo, ten piedad*
+ Señor, ten·piedad.
Repítase: *Señor, ten piedad*
+ Cristo, óyenos.
Repítase: *Cristo, óyenos.*
+ Cristo, escúchanos.
Repítase: *Cristo, escúchanos.*

Continuamos con una serie de invocaciones a la Santísima Trinidad, a Dios Padre, Hijo y Espíritu Santo:

> + Dios, Padre celestial.
> **Pídase:** *Ten piedad de nosotros.*
> + Dios, Hijo, Redentor del mundo.
> **Pídase:** *Ten piedad de nosotros.*
> + Dios, Espíritu Santo.
> **Pídase:** *Ten piedad de nosotros.*
> + Santísima Trinidad, un solo Dios.
> **Pídase:** *Ten piedad de nosotros.*

Y llegamos hasta las jaculatorias dirigidas a la Santísima Virgen María:

> + Santa María,
> **A cada una de estas invocaciones responderemos:**
> *Ruega por nosotros.*

> + Santa Madre de Dios
> + Santa Virgen de las Vírgenes
> + Madre de Cristo
> + Madre de la Iglesia
> + Madre de la misericordia
> + Madre de la divina gracia
> + Madre de la esperanza
> + Madre purísima
> + Madre castísima

+ Madre siempre virgen
+ Madre inmaculada
+ Madre amable
+ Madre admirable
+ Madre del buen consejo
+ Madre del Creador
+ Madre del Salvador
+ Virgen prudentísima
+ Virgen digna de veneración
+ Virgen digna de alabanza
+ Virgen poderosa
+ Virgen clemente
+ Virgen fiel
+ Espejo de justicia
+ Trono de la sabiduría
+ Causa de nuestra alegría
+ Vaso espiritual
+ Vaso digno de honor
+ Vaso de insigne devoción
+ Rosa mística
+ Torre de David
+ Torre de marfil
+ Casa de oro
+ Arca de la Alianza
+ Puerta del cielo
+ Estrella de la mañana
+ Salud de los enfermos
+ Refugio de los pecadores
+ Consuelo de los migrantes
+ Consoladora de los afligidos

+ Auxilio de los cristianos
+ Reina de los Ángeles
+ Reina de los Patriarcas
+ Reina de los Profetas
+ Reina de los Apóstoles
+ Reina de los Mártires
+ Reina de los Confesores
+ Reina de las Vírgenes
+ Reina de todos los Santos,
+ Reina concebida
sin pecado original
+ Reina asunta a los Cielos
+ Reina del Santísimo Rosario
+ Reina de la familia
+ Reina de la paz

Ahora nos dirigimos a Jesucristo:

+ Cordero de Dios,
que quitas el pecado del mundo:
Perdónanos, Señor.

+ Cordero de Dios,
que quitas el pecado del mundo,
Escúchanos, Señor.

+ Cordero de Dios,
que quitas el pecado del mundo,
Ten misericordia de nosotros.

Nos volvemos a dirigir a la Santísima Virgen:

+Ruega por nosotros, Santa Madre de Dios.
*Para que seamos dignos de poder alcanzar
las promesas de Cristo.*

Concluimos con la oración final, aunque puede extenderse con nuevas oraciones añadidas, como explicaremos más adelante en la "Breve Guía".:

OREMOS:
Te rogamos, Señor Dios nuestro,
que nos concedas gozar
de continua salud de alma y cuerpo,
y por la gloriosa intercesión
de la bienaventurada
siempre Virgen María,
vernos libres de las tristezas
de la vida presente
y disfrutar de las alegrías eternas.
Por Cristo Señor nuestro.
Amén.

GUÍA BREVE
PARA REZAR EL
✤ SANTO ROSARIO ✤

NOTA PRELIMINAR:

Es una bendición de Dios que el Santo Rosario, siendo una oración cuyo rezo está tan bien acogido en tan diferentes lugares de todo el mundo, cuente con una rica y provechosa variedad de fórmulas para acompañar su rezo, según las distintas sensibilidades de los distintos lugares, dando pie a costumbres asentadas que es bueno respetar y valorar.

En esta sencilla guía que aquí recogemos para las oraciones iniciales y finales, incluiré los dos modos más difundidos para el rezo del Santo Rosario, indicando un modo más breve y otro modo más extenso.

MODO BREVE:

Iniciamos el rezo del Santo Rosario haciendo la señal de la cruz:
En el nombre del Padre,
del Hijo y del Espíritu Santo. Amén.

A continuación:
V. Dios mío, ven en mi auxilio.
R. Señor, date prisa en socorrerme.
V. Gloria al Padre y al Hijo y al Espíritu Santo.
R. Como era en un principio, ahora y siempre,
*   por los siglos de los siglos. Amén.*

Enunciamos el conjunto de Misterios que rezaremos (Gozosos, Luminosos...), pudiendo en ese momento hacer una introducción o un ofrecimiento general por el rezo de esta oración. En este libro incluimos una fórmula que servirá de guía para ofrecerlo por los difuntos...

Y comenzamos por el primer misterio, lo nombramos y, si es conveniente, también lo meditamos brevemente.

A continuación rezamos:
1 Padre Nuestro
10 Ave Marías
1 Gloria

Podemos terminar cada misterio con alguna de las oraciones que popularmente suelen emplearse, como por ejemplo:

María, Madre de Gracia y de Misericordia, defiéndenos del Enemigo y ampáranos ahora y siempre, por los siglos de los siglos. Amén.

O...

Oh Jesús, perdónanos nuestros pecados, sálvanos del fuego del infierno y guía todas las almas al Cielo, especialmente aquellas más necesitadas de tu misericordia.

Al concluir los cinco misterios, podemos añadir las Letanías, incluso la Salve o el Bajo tu amparo a su finalización.

Es recomendable rezar un Padre Nuestro, Ave María y Gloria por las intenciones del Papa, y así obtener mayores indulgencias. Podemos hacer este mismo ofrecimiento por los difuntos, por los pobres y necesitados, por las vocaciones, etc.

Podemos acabar con una invocación como:
V. Santa María, esperanza nuestra,
trono de la Sabiduría / esclava del Señor.
R. Ruega por nosotros.

MODO EXTENSO:

Iniciamos el rezo del Santo Rosario haciendo la señal de la cruz:
En el nombre del Padre
y del Hijo y del Espíritu Santo.

A continuación:
V. Dios mío, ven en mi auxilio.
R. Señor, date prisa en socorrerme.
V. Gloria al Padre y al Hijo y al Espíritu Santo.
R. Como era en el principio, ahora y siempre,
   por los siglos de los siglos. Amén.

Hacemos profesión de Fe,
proclamando el Credo:
Creo en Dios Padre,
Todopoderoso,
Creador del cielo y de la tierra.
Creo en Jesucristo, su único Hijo,
Nuestro Señor, que fue concebido
por obra y gracia del Espíritu Santo,
nació de Santa María Virgen,
padeció bajo el poder de Poncio Pilato,
fue crucificado, muerto y sepultado,
descendió a los infiernos,
al tercer día resucitó entre los muertos,
subió a los cielos y está sentado
a la derecha de Dios Padre, Todopoderoso.

Desde allí vendrá a juzgar a vivos y a muertos.
Creo en el Espíritu Santo,
la Santa Iglesia Católica,
la comunión de los santos,
el perdón de los pecados,
la resurrección de la carne
y la vida eterna. Amén.

Podemos hacer un acto de contrición, de
arrepentimiento por nuestros pecados:
Señor mío Jesucristo,
Dios y Hombre verdadero,
Creador, Padre y Redentor mío;
por ser vos quien sois, bondad infinita,
y porque os amo sobre todas las cosas,
me pesa de todo corazón haberos ofendido;
también me pesa porque podéis castigarme
con las penas del infierno.
Ayudado de vuestra divina gracia,
propongo firmemente nunca más pecar,
confesarme y cumplir la penitencia
que me fuere impuesta. Amén

A continuación, rezamos:
1 Padre Nuestro.
3 Ave Marías, para pedir las tres virtudes
teologales: la Fe, la Esperanza y la Caridad.
1 Gloria.

Enunciamos el conjunto de los Misterios
que rezaremos (Gozosos, Luminosos...),
pudiendo en ese momento hacer una
introducción o un ofrecimiento general
por el rezo de esta oración, que en este libro
se ofrece por los difuntos...

Y comenzamos por el primer misterio,
que nombramos y, si es conveniente,
también meditamos brevemente.

Rezamos:
1 *Padre Nuestro*
10 *Ave Marías*
1 *Gloria*

Podemos terminar cada misterio
con alguna de las oraciones
que popularmente se emplean, como:

*María, Madre de Gracia y de Misericordia,
defiéndenos del Enemigo y ampáranos ahora y
siempre, por los siglos de los siglos. Amén.*

O...

*Oh Jesús, perdónanos nuestros pecados,
sálvanos del fuego del infierno y guía todas las
almas al Cielo, especialmente aquellas más
necesitadas de tu misericordia.*

Al terminar los cinco misterios,
podemos añadir las Letanías,
incluso la Salve o el Bajo tu amparo.

Es recomendable rezar un Padre Nuestro,
Ave María y Gloria por las intenciones del
Papa, y así obtener mayores indulgencias.
Podemos hacer este mismo ofrecimiento por
los difuntos, por los necesitados, por las
vocaciones, etc.

Podemos acabar con una invocación como:
V. Santa María, esperanza nuestra,
trono de la sabiduría / esclava del Señor.
R. Ruega por nosotros.

ANEXO DEVOCIONAL

Para dar facilidades a las personas menos iniciadas en la oración, aquí ofrecemos, a modo de ayuda, las oraciones que se emplean o que pueden emplearse en el rezo del Santo Rosario:

Padre Nuestro:

Padre nuestro, que estás en el cielo, santificado sea tu Nombre; venga a nosotros tu reino; hágase tu voluntad, en la tierra como en el cielo.
Danos hoy nuestro pan de cada día; perdona nuestras ofensas, como también nosotros perdonamos a los que nos ofenden; no nos dejes caer en la tentación y líbranos del mal. Amén.

Ave María:

Dios te salve, María; llena eres de gracia; el Señor es contigo; bendita Tú eres entre todas las mujeres, y bendito es el fruto de tu vientre, Jesús.
Santa María, Madre de Dios, ruega por nosotros pecadores, ahora y en la hora de nuestra muerte. Amén.

Gloria:

Gloria al Padre, y al Hijo, y al Espíritu Santo. Como era en el principio, ahora y siempre, y por los siglos de los siglos. Amén.

Bajo tu amparo:

Bajo tu amparo nos acogemos Santa Madre de Dios, no desprecies nuestras súplicas que dirigimos ante nuestras necesidades, antes bien, líbranos de todo peligro Virgen Gloriosa y Bendita.

Ruega por Nosotros Santa Madre de Dios, para que seamos dignos de alcanzar las promesas y divinas gracias de nuestro Señor, Jesucristo. Amén.

Salve:

Dios te salve, Reina y Madre de misericordia, vida, dulzura y esperanza nuestra. Dios te salve. A ti clamamos los desterrados hijos de Eva, a ti suspiramos, gimiendo y llorando en este valle de lágrimas.

Ea, pues, Señora Abogada Nuestra, vuelve a nosotros tus ojos misericordiosos, y después de este destierro, muéstranos a Jesús, fruto bendito de tu vientre. Oh, clementísima, oh piadosa, oh dulce siempre Virgen María.

Ruega por nosotros, Santa Madre de Dios, para que seamos dignos de alcanzar las promesas de Nuestro Señor Jesucristo. Amén.

Made in the USA
Las Vegas, NV
08 November 2024

11369337R10062